Frissons sur le gazon

Texte : Fanny Joly
Illustrations : Hélène Crochemore

Cauchemar dans la mare

Texte : Fanny Joly
Illustrations : Hélène Crochemore

Cet ouvrage est conforme à la nouvelle orthographe
www.orthographe-recommandee.info

Le papier de cet ouvrage est composé de fibres naturelles, renouvelables, fabriquées à partir de bois provenant de forêts gérées de manière responsable.

Nathan

SOMMAIRE

Les pièces de théâtre

Les documents

Frissons sur le gazon

La pièce se passe dans un jardin.

• 5 acteurs costumés •

Betty, abeille motivée, vêtue de jaune et noir. Elle porte un « seau de butinage » bleu. Elle est active et bourdonnante. (Scènes I et II)

Léon, papillon dissipé. Il a des ailes multicolores. Accroché à sa ceinture, un étui contenant ses balles de jonglage. Il est joueur et rieur. (Scènes I et II)

Rose, fleur coquette. Habillée de rose de la tête aux pieds. Élégante, belle et consciente de l'être. (Scène II)

Marguerite, fleur douillette. Habillée en jaune, vert et blanc. Nettement plus simple que Rose. (Scène II)

Joseph, fils du jardinier. Chapeau en paille, panier en osier, sécateur. (Scène II)

SCÈNE I

Le rideau se lève sur un jardin. Il fait beau. C'est le printemps. Buissons, haies, arbres, gazon. On ne voit que de la verdure. Pas de fleurs. Des oiseaux chantent. Bourdonnement d'abeilles. Betty entre la première. Seau de butinage autour du cou, elle volète, s'affaire, inspecte… Léon arrive après quelques instants. Il avance lentement, tout en jonglant avec deux balles, absorbé par son jeu d'adresse.

BETTY *(observant Léon, avec ironie)*

Vas-y, prends ton temps, prends tout ton temps, Léon !

LÉON *(fixant ses balles et comptant)*

Deux… trois… quatre…

BETTY *(tapotant sa montre)*

On avait rendez-vous à la demie, je te le rappelle !
Tu avais promis de m'aider à repérer les meilleures fleurs !

LÉON
(concentré sur son jeu, comptant toujours, fier et souriant)

Cinq… six… sept… Tu as vu ? Tu as vu ?

BETTY *(haussant le ton, montrant son seau vide)*

Ce que je vois surtout, c'est que je dois être de retour
à la ruche à six heures avec mon seau PLEIN de nectar,
or il est VIDE.
Je ne joue pas, moi, je travaille !

Léon laisse échapper une balle.

LÉON *(ramassant sa balle en soupirant)*

Rrrraaaah ! Travailler, toujours travailler !
Tu ne penses qu'à ça, ma parole ! C'est malin !
Tu m'as tout fait rater, avec tes histoires !

BETTY *(choquée, mains sur les hanches)*

Mes histoires ? Tu ne dis pas ça quand il s'agit
d'étaler du miel sur tes tartines !

L'œil de Léon s'allume de gourmandise.

LÉON *(se léchant déjà les babines)*

Miaaam ! C'est vrai, j'adooore le miel, tu en as ?

BETTY

Pas encore ! C'est pour FABRIQUER du miel que nous,
les abeilles, butinons le nectar des fleurs, gros malin !
Et en butinant, nous assurons la pollinisation.
Sais-tu ce que c'est, au moins ?

LÉON *(au hasard)*

Euh... C'est un peu comme euh... la... poli... politesse ?

BETTY *(moqueuse, l'imitant)*

N'importe quoi ! Et pourquoi pas la po... la poli...
la police municipale pendant que tu y es ?
La po-lli-ni-sa-tion, écoute-moi bien,
ça veut dire qu'on transporte le pollen !
Et le po-llen, sais-tu ce que c'est au moins ?

Léon *(en se grattant la tête)*

Euh… Po-llen… po-llen… Pôle Nord ? Po-llen… po-llen… pull en laine ?

Betty *(agacée, enchaine, comprenant qu'il ne sait pas)*

Le pollen, c'est une minuscule poudre qui sort des fleurs et qui se colle sur nous quand on butine. Cette poudre contient plein d'éléments dont les végétaux ont besoin pour se reproduire et donner leurs fleurs et leurs fruits. En volant, on dépose cette poudre partout où il faut ! *(mimant)* Psht psht… Sur les cerisiers ! Les pommiers ! Les abricotiers ! Imagine une vie sans fleurs, sans abricots, sans cerises et… sans MIEL !

Léon

Oh non ! Quelle horreur ! Pitié !

Betty

Alors aide-moi à repérer les meilleures fleurs, nom d'un papillon !

Léon range illico ses balles, volète, inspecte. Tout à coup, il met sa main en visière.

Léon

Hééé ! Betty ! Tu vois ce que je vois, là-bas ?

SCÈNE II

Décor **Haies, arbres et buissons ont changé de place. Nous sommes dans un autre coin du jardin, au centre duquel trônent deux actrices-fleurs : ROSE et MARGUERITE.**

Léon entre en scène le premier. Il vole jusqu'à Rose.

LÉON *(hélant Betty, ton triomphant)*

Betty ! Betty ! Viens voir cette rose !

L'abeille le suit, toute bourdonnante d'impatience.

BETTY

Ouah ! Bravo, Léon ! Elle est ma-gni-fi-que !

Betty s'approche de Rose, l'entoure de ses bras, se penche vers son cou…

ROSE *(se recroquevillant et criant)*

Stooop !

Betty fait un bond en arrière.

BETTY *(stupéfaite)*

Qu'est-ce qui te prend ?

ROSE

Je t'interdis de me butiner, tu vas gâcher ma beauté !

BETTY

Ne crains rien, calme-toi, je travaille très délicatement, laisse-toi faire, tu vas voir…

Rose *(se débattant)*

Jamais de la vie ! Non, non et NON !

Léon

Laisse-la… *(Il reprend son vol et repère Marguerite.)*
Viens par ici, Betty !

Betty s'approche de Marguerite. Elle l'entoure de ses bras pour butiner. Marguerite se tortille et rit à gorge déployée.

Marguerite

Hi hi hi ! Ça picote ! Ça chatouillote !

Tout à coup, Léon met sa main en cornet à son oreille et fait signe aux autres de se taire.

Léon

Silence, les filles ! Vous entendez ce que j'entends ?

Rose *(paniquée, claquant des dents)*

Clac clac clac ! Un sécateur !

Marguerite *(cessant de rire)*

C'est Joseph, le fils du jardinier, il va cueillir un bouquet pour la fête des Mères. Je l'ai entendu en parler, ce matin…

Rose *(ton tragique)*

Marguerite ! Mon amie ! Notre dernière heure est arrivée !
On va mourir ! En pleine jeunesse !
C'est affreux ! Adieu !

Eurêka ! Betty se frappe le front…

Betty

Eh, les fleurs, je vous propose un marché !
J'éloigne Joseph. Je vous sauve la vie.
Mais en échange, vous me laissez butiner ! Ça vous va ?

Rose

Tope là ! Ça marche !

Marguerite

Comment vas-tu faire, Betty ?

Betty *(index devant la bouche)*

Ssshhhttt ! Secret professionnel !

Joseph entre en scène, joyeux, sifflotant.
Betty s'approche de lui en appelant ses amies.
Joseph prend peur, grimace… puis s'enfuit en courant et en criant.

Joseph *(en s'éloignant)*

Mamaaaan ! Au secours !
Elles vont me piquer !

Youpi !
Betty fait des bonds de joie.
Rose et Marguerite applaudissent.
Léon ressort ses balles et jongle de plus belle.

FIN

Cauchemar dans la mare

La scène I se passe au bord d'une mare.
Puis la scène II devant la ferme de M. et Mme Paul.

• 6 acteurs costumés •

César, chien rusé et dynamique, chef de la bande des quatre animaux. (Scènes I et II)

Thérèse, taupe enrhumée portant des lunettes. Elle éternue et se mouche souvent. (Scènes I et II)

Greta, grenouille branchée, casque stéréo aux oreilles. Elle chante et danse. Plus absorbée par sa musique que par ce qui se passe, elle fait répéter en disant « coâ ? ». (Scènes I et II)

Valentin, veau fatigué, se traine, soupire et bâille. (Scènes I et II)

M. Paul, fermier bourru. (Scène II)

Mme Paul, fermière grognon. (Scène II)

SCÈNE I

Décor

Le rideau se lève sur un sous-bois. Arbustes, roseaux, bruits d'eau. C'est le plein été. Il fait chaud. On entend des cigales.
Les animaux entrent à la queue leu leu.
César le chien en tête, énergique, mobile, curieux. Mouchoir noué sur la tête, il s'éponge le front.
Thérèse la taupe arrive ensuite. Chapeau cloche, lunettes de soleil sur le nez et lunettes de vue en collier au bout d'une chaine. Elle se mouche souvent et vaporise un spray dans son nez et sa gorge.
Greta la grenouille suit, toute de vert vêtue, débardeur, short, casquette, casque stéréo, elle danse et fredonne des passages de la chanson «*Aux Champs-Élysées*»...
Valentin le veau entre en dernier, trainant, essoufflé et soupirant.

CÉSAR

Ouaf ! Quelle chaleur, mes amis !

THÉRÈSE

Je suff... *(Elle éternue.)* at-choum !
J'étouffe vérita... at-choum !

CÉSAR

À tes souhaits, Thérèse ! Véritatchoum ? Tu veux dire : véritablement ?

THÉRÈSE

Exa... at-choum... exactement !

VALENTIN *(qui vient d'arriver)*

À tes souhaits, Thérèse !

CÉSAR

Déjà dit !

VALENTIN

Pfffiou, qu'est-ce qu'il fait chaud ! *(Il s'allonge.)*

CÉSAR

Déjà dit aussi !

GRETA *(fredonnant puis soulevant son casque)*

Aux Champs-Élysées ta-ta-ra-ta-ta… Coâ ? Vous dites quoi ?

CÉSAR

Rien d'important…

Le chien se met à fureter alentour.

GRETA

Vous n'avez pas soif ?

VALENTIN

Je meurs *(bâillement)* de soif !

THÉRÈSE

Moi, c'est bien simple : je pourrais boire la mer,
les poissons et même les bat… at-choum !

CÉSAR

Hééé ! Il suffit de demander ! Venez voir ce que j'ai trouvé :
il y a une mare ici ! Qu'est-ce qu'on dit à César-le-Malin ?

Les trois accourent autour de la mare.
César boit… puis recrache aussitôt.

CÉSAR *(dégouté)*

Pouah, elle a un gout bizarre, cette eau !

THÉRÈSE *(dubitative)*

Comment ça, un gout bizarre ? *(La taupe boit à son tour.)* Je ne sens rien de bizarre…

CÉSAR

Forcément : avec ton rhume, tu as le museau bouché !

VALENTIN

Moi je n'ai pas le museau bouché, je vais vous dire ce qu'il en est. *(Il goute et grimace.)* C'est vrai, ça sent l'essence et le pourri mais tant pis, il fait trop chaud, j'ai trop soif, je BOIS !

Le veau se penche et boit goulument. Le chien l'arrête.

CÉSAR

Arrête, voyons ! Tu vas t'empoisonner et QUI va devoir te soigner ? C'est nous !

Soudain, la grenouille dansante trébuche et tombe à quatre pattes. Elle regarde au sol, remue les feuilles, gratte la terre…

GRETA

Hé, il y a un tuyau, là, sous les feuilles !

THÉRÈSE *(chaussant sa 2e paire de lunettes par-dessus la 1re)*

Greta a raison, le tuyau passe par là…

César se précipite…

CÉSAR

Il se déverse dans la mare ! Ça fait des bulles, ça sent mauvais ! C'est pour ça que l'eau a ce mauvais gout ! Il faut qu'on creuse, pour trouver d'où part ce tuyau !

VALENTIN

Hé ho, *(bâillement)* doucement, je suis fatigué, moi !

SCÈNE II

Décor

Les quatre animaux arrivent à la porte d'une ferme. Un panneau indique :

Ferme de M. & Mme PAUL
Lait – Œufs – Fromages

César sonne. On entend le carillon de la sonnerie. Pas de réponse. Nos amis regardent à travers les fentes de la clôture.

GRETA *(fredonnant toute seule)*

Aux Champs-Élysées, ta-ta-ra-ta-ta…

CÉSAR *(lui ôtant son casque)*

Arrête ta musique : on est arrivé chez les gens qui habitent au bout du tuyau !

GRETA

Coâ ? Quoi ?

THÉRÈSE

On dirait qu'il n'y a personne dans cette maison !

CÉSAR

Nettoie tes lunettes, taupinette : tu vois les sabots sur le perron, le panier de fruits fraichement cueillis ? Cette maison est habitée !

Thérèse ajoute sa 2e paire de lunettes à la 1re.

THÉRÈSE *(concentrée)*

Ah oui, il y a même un torchon qui sèche sur le bord de la fenêtre !

Valentin

Et la télé est allumée. Les veinards ! J'aimerais tellement regarder un film ou un jeu ou encore un match de...

César

Calme-toi ! La télé, tu la regardes déjà beaucoup trop ! *(César sonne plusieurs fois avec impatience.)* Bon. Ils vont répondre oui ou non ? *(mains en portevoix)* Hou hou ! Ouaf ouaf ! Y a quelqu'un ?

Grincements. Bruits de pas. La porte s'entrouvre.
Le fermier et la fermière apparaissent, ronchons.

M. Paul

C'est vous qui faites ce raffut ?

Mme Paul

Que voulez-vous ?

César *(poli et sûr de son fait)*

Bonjour madame. Bonjour monsieur. Pardon de vous déranger mais en nous désaltérant dans la mare du sous-bois, là-bas *(geste au loin)*, nous avons été choqués par le gout infect de l'eau. Nous avons remarqué qu'un tuyau s'y déverse. Or, en suivant ce tuyau, nous sommes arrivés... CHEZ VOUS !

M. Paul

Non mais ho, de quoi je me mêle ? Je suis chez moi, ici !

Thérèse

Certes, mais le sous-bois est à tout le monde !
Et la mare aussi !

Valentin

Donc à NOUS aussi ! Et nous, on a soif, hé hé !

César

Et nous, on n'a pas envie d'être empoisonnés !

M. Paul *(furieux)*

C'est VOUS qui m'empoisonnez, pour l'instant !

Thérèse

Vous POLLUEZ ! Et pas pour l'instant : pour LONGTEMPS ! ATCHOUM !

Mme Paul

L'eau qui sert à nettoyer le poulailler et l'étable, il faut bien qu'on l'évacue quelque part…

M. Paul *(ronchon)*

Et l'huile de vidange de mon tracteur, où voulez-vous que je la mette ? D'ailleurs, mon voisin fait la même chose avec sa voiture !

Greta

Quelque part, OUI ! Mais pas n'importe où !

César

Il y a surement un moyen d'évacuer cette huile sans polluer. Trouvez une autre solution !

Greta

Sinon on va écrire POLLUEURS sur votre porte !

César, Valentin et Thérèse *(en chœur)*

Oui ! Greta a raison ! On écrira M. et Mme PAUL POLLUEURS ! À l'encre fluorescente !

Les fermiers mollissent sous la menace.

M. PAUL et MME PAUL *(en chœur)*

Non ! Ne faites pas ça ! On va changer ! Promis juré ! À partir de maintenant, nous apporterons l'huile à la déchetterie. Voulez-vous quelque chose à boire ? Limonade ? Jus de fruits frais ? Entrez donc !

Les animaux se regardent. L'offre est tentante…

CÉSAR

Ma foi… Merci… Ce n'est pas de refus.

Ils entrent.

VALENTIN

Et… je pourrai regarder la télé ?

CÉSAR *(coup de coude à Valentin)*

Ssshhht !

Greta ferme la marche, casque aux oreilles, fredonnant et se dandinant joyeusement.

GRETA

Aux Champs-Élysées, ta-ta-ra-ta-ta…

FIN

As-tu bien compris ?

Réponds aux questions.

Frissons sur le gazon

1 • Pourquoi Rose ne veut-elle pas être butinée ?

a. Parce qu'elle n'aime pas le miel.
b. Parce qu'elle n'a pas le temps.
c. Parce qu'elle a peur d'être moins belle.

2 • Pourquoi Joseph renonce-t-il à cueillir les fleurs ?

a. Parce qu'il a peur de Rose.
b. Parce qu'il a peur de Betty et de ses amies.
c. Parce qu'il ne les trouve pas belles.

Cauchemar dans la mare

3 • Que trouvent les quatre amis dans la mare ?

a. Un poisson qui sent mauvais.
b. Un tuyau qui se déverse dans la mare.
c. Un nénufar.

4 • Pourquoi M. et Mme Paul acceptent-ils de changer ?

a. Parce qu'ils ne veulent pas être dénoncés.
b. Parce qu'ils trouvent les quatre amis sympathiques.
c. Parce qu'ils ont envie de changer.

Vrai ou faux ?

1. Dans *Frissons sur le gazon*, Léon butine des fleurs.
2. Valentin est l'un des personnages de *Frissons sur le gazon*.
3. Marguerite et Rose sont des fleurs.
4. Les quatre amis de *Cauchemar dans la mare* sont des animaux.
5. Greta la grenouille porte des lunettes.
6. Il y a cinq personnages dans *Cauchemar dans la mare*.

1 = C ; 2 = B ; 3 = B ; 4 = A
1 = F ; 2 = F ; 3 = V ; 4 = V ; 5 = F ; 6 = F

DOC

La transformation des fleurs

Les fruits

La pollution et le traitement de l'eau

La transformation des fleurs

Généralement, au printemps, les fleurs s'ouvrent. Puis les pétales tombent et le cœur de la fleur grossit. Les fleurs se transforment en fruits, légumes ou autres éléments non comestibles.

Le petit pois

La citrouille

La fleur de la tulipe :
les pétales fanent et
un fruit vert apparait.

L’églantier

La monnaie du pape

Les fleurs

En général, les fleurs sont constituées de pétales colorés.
Le pistil, qui est au cœur de la fleur, est entouré d'étamines.

La fleur d'églantier a de nombreuses étamines.
À droite, il ne reste plus que les sépales, les pétales sont tombés ainsi que les étamines.

Voici d'autres fleurs dont on reconnait les pétales, les étamines et le pistil.

le caprier

l'hibiscus

Les insectes, en butinant, transportent du pollen de fleur en fleur.
En prenant le nectar dans la fleur, ils se chargent de la poudre orangée (le pollen) qui se situe sur les étamines.

Les insectes pollinisent les fleurs et permettent ainsi leur transformation.

Une abeille butinant.

Les fruits

Les fruits viennent tous d'une fleur qui a été pollinisée.
Tous les fruits contiennent des pépins ou des noyaux.
Les pépins et les noyaux sont des graines : quand on les plante, ils donnent naissance à une nouvelle plante. Cette plante donnera une fleur puis des fruits qui contiennent des graines…

Les fruits secs

un haricot

un poivron

un flamboyant

la monnaie du pape

Attention !

Les fruits ne sont pas tous comestibles ! Lorsque tu te promènes en forêt, ne mange pas des fruits que tu ne connais pas !

Les fruits charnus

des cerises

un avocat

une pastèque

une aubergine

le sureau

des myrtilles

le houx

une tomate

Certains légumes sont des fruits, comme la tomate, les haricots, les aubergines et les poivrons.

La pollution

La pollution est dangereuse pour l'homme, les animaux mais aussi les végétaux.

Voici un lieu pollué : on y trouve différents objets produits et rejetés par l'homme.

L'eau pure est de plus en plus rare sur notre Terre. Il y a même des endroits où elle manque. C'est un bien précieux qu'il faut protéger.

Un site pollué peut être nettoyé, les bouteilles et autres canettes vides ramassées et recyclées.

Dans certains cas, des produits chimiques se mélangent avec l'eau et la polluent.

Parfois, c'est le pétrole qui pollue les plages, comme dans le cas des marées noires.

Dépolluer prend du temps et coute cher.

L'eau est plus polluée dans certains endroits du monde, en Europe par exemple.

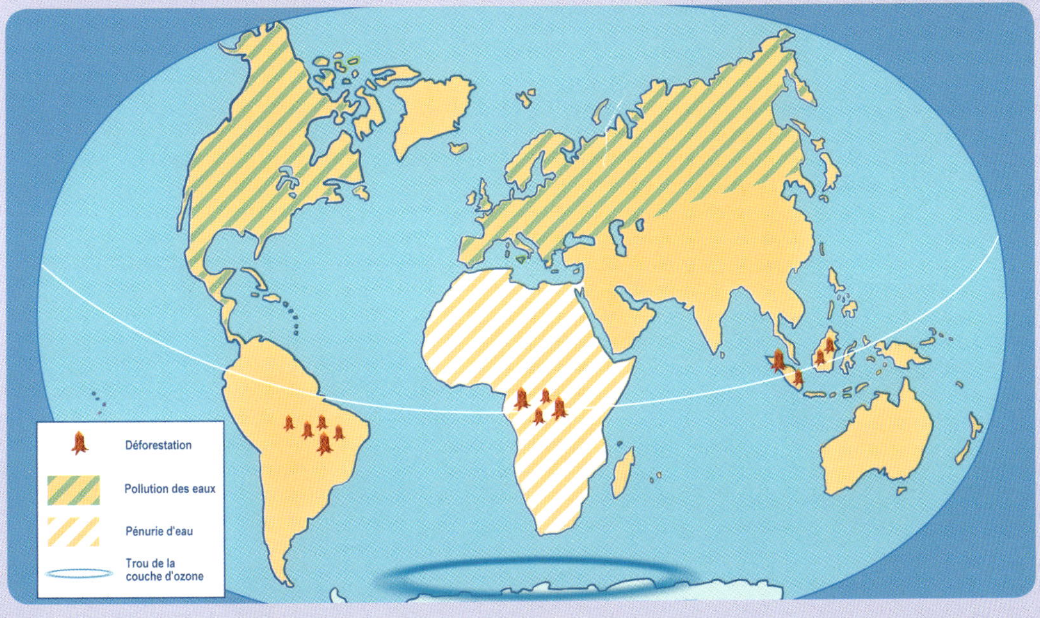

Le traitement de l'eau

Lorsque tu tournes un robinet, de l'eau propre et potable coule. Mais d'où vient-elle ? Tu viens de te laver les mains avec du savon (c'est très bien !) avant de passer à table. Mais où va cette eau sale ? Et lorsque tu tires la chasse d'eau aux toilettes ?

L'eau puisée dans la nature passe dans des filtres de plus en plus petits, puis un peu de désinfectant est ajouté pour la rendre potable.

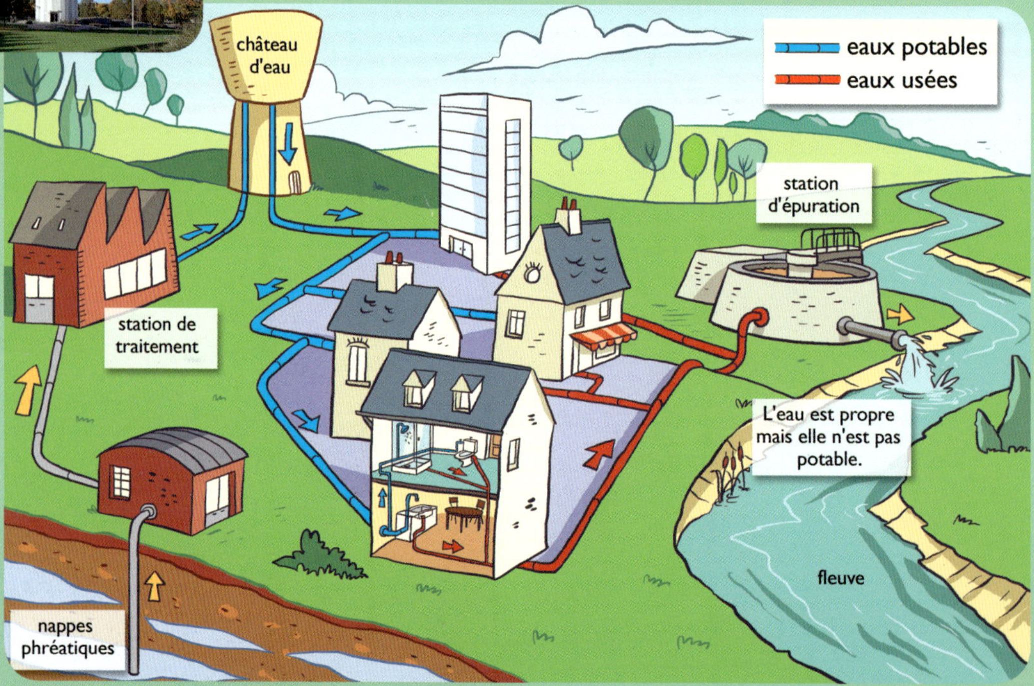

Le nettoyage des eaux usées est indispensable. Les végétaux, les poissons et autres animaux, ne peuvent pas vivre si l'eau n'est pas suffisamment pure.

On décante l'eau sale dans de grands bassins.

Une fois la boue tombée, des bactéries mangent lentement la pollution microscopique qui se trouve encore dans l'eau.

L'eau rejetée dans le fleuve est propre mais non potable.

Laisser reposer l'eau pour que la boue tombe : c'est la décantation.

Les fleurs dans l'art

Trois fleurs sur leur tige : églantine, anémone et chardon, Verres de Daum, vers 1900

CRÉDITS PHOTOGRAPHIQUES : **Couverture** : © P. Costet **– p. 21** : **églantier fleur** © luciap - Fotolia.com, **cerises** © Samo Trebizan / Shuterstock, **Pollution du lac Léman** © Laurent Geslin / Nature Picture Library / Corbis, **– p. 22** : **petits pois fleur** © Tatyana Domnicheva / Shutterstock, **développement de la gousse** © Damian Herde / Shutterstock, **gousses** © nadin333 - Fotolia.com, **citrouille fleur et petite citrouille verte** © Denis and Yulia Pogostins / Shutterstock, **citrouille** © Alexey V Smirnov / Shutterstock **– p. 23** : **tulipe** © C. Boyer, **églantier fleur** © luciap - Fotolia.com, **fruits verts** © fieryphoenix - Fotolia.com, **fruits mûrs** © viter - Fotolia.com, **monnaie du pape fleurs** © Martin Fowler / Shuttertstock, **verte** © Bobo - Fotolia.com, **sèche** © Zugzwang - Fotolia.com **– p. 24 : lys** © stacy2010ua / Shutterstock, **églantier fleur** © luciap - Fotolia.com, **fruits mûrs** © viter - Fotolia.com, **– p. 25 : caprier** © effe45 - Fotolia.com, **hibiscus** © Friedberg - Fotolia.com, **abeille** © Thep Urai / Shutterstock **– p. 26** : **haricot** © Kim Nguyen / Shutterstock, **poivron** © mates - Fotolia.com, **flamboyant** © C. Boyer, **monnaie du pape** © Bobo - Fotolia.com **– p. 27** : **cerises** © Samo Trebizan / Shuterstock, **avocat** BIS / Ph.Eyewave, **pastèque** © Anna Kucherova - Fotolia.com, **aubergine et tomate** © Kim Nguyen / Shutterstock, **myrtilles** © spwidoff / Shutterstock, **houx** © Bobkeenan Photography / Shutterstock, **sureau** © CBCK / Shutterstock **– p. 28** : **Pollution du lac Léman** © Laurent Geslin / Nature Picture Library / Corbis, **Voilier sur le lac Léman** © Bertrand Rieger / hemis.fr **– p. 29** : **marée noire** © Alain Denantes / Gamma **– p. 30** : **château d'eau** © Mikhail Markovskiy / Shutterstock, **– p. 31** : **station d'épuration de l'eau** © antiksu - Fotolia.com, **décantation** © C. Boyer. **– p. 32** : **Trois fleurs sur leur tige : églantine, anémone et chardon**, Verres de Daum, vers 1900, Musée des Beaux-Arts, Nancy © Thierry Ollivier / RMN-Grand Palais.

Illustrations : **carte p. 29** Patrick Gromy ; **schéma p. 30** Dawid.

Conforme à la loi du 16 juillet 1949 sur les publications destinées à la jeunesse.
ISBN : 978-2-09-122805-1

MIXTE
Papier issu de sources responsables
FSC® C022030

Achevé d'imprimer en France en septembre 2017
par l'imprimerie I.M.E., 25110 Baume-les-Dames
N° de projet : 10239339